AF236230

Positives

Denken

Wie Sie durch positive Psychologie und emotionale Intelligenz negative Gedanken loswerden, Zwangsgedanken stoppen und Stimmungsschwankungen reduzieren für innere Ruhe und tiefes Glück

Franziska Heidt

INHALT

Einleitung

In unserer modernen Welt gibt es viele Dinge, die wir bewältigen müssen. Dies fällt uns nicht immer so leicht, wie wir es gerne hätten. Zweifel, Angst und oft auch Lustlosigkeit bremsen unser Potenzial gerade dann, wenn wir es nicht wollen.

Der Schlüssel zu einem gesunden Leben ist nicht nur ein gesunder Körper, sondern auch ein gesunder Verstand. Ihr Unterbewusstsein beeinflusst Ihren Alltag mehr, als Sie glauben. Wenn aber diese versteckten Gedanken negativ geprägt sind, kann sich dies fatal auf Ihren körperlichen und mentalen Zustand auswirken.

In diesem Buch werden Sie lernen, wie Sie diese negativen Gedanken durch positive ersetzen können.

Sie werden:

– Aufgaben und Ängste besser bewältigen

– Ihre Prioritäten sortieren und einschätzen

– Durch einen ruhigen Schlaf besser in den Tag starten

– Ihren Geist und Ihre Intuition stärken

– Das komplexe System unseres Gehirns erforschen

– Lernen, sich wohlzufühlen, selbst in unbekannten Welten

Und noch mehr.

Wenn Sie positiver und gelassener durch das Leben gehen möchten, kann ich Ihnen die Tipps in diesem Buch nur ans Herz legen. Es wird nicht lange dauern, bis Sie merken, dass es auch anders geht!

Bereiten Sie sich vor!

Bevor wir überhaupt mit dem eigentlichen Prozess des Kennenlernens beginnen, müssen Sie sich zunächst ein paar Fragen selbst stellen. Dies ist wichtig, damit Sie sich bereits von Anfang an Ihrer Lage bewusst sind. Sie müssen keinen großen Aufwand in die Beantwortung dieser Fragen stecken, sollten diese ab dennoch ehrlich und realistisch einschätzen.

Als Erstes möchte ich gerne wissen, was die Quelle Ihrer negativen Gedanken ist. Diese kann einen oder mehrere Ursprünge haben, jedoch sollten Sie sich zunächst auf einen Schwerpunkt konzentrieren. Nehmen Sie sich ein paar Minuten Zeit und überlegen Sie, was Ihnen am meisten zu schaffen macht. Können Sie die Probleme nicht ordentlich einstufen, sollten Sie zumindest versuchen, Ihren Fokus auf ein Bestimmtes zu verlagern.

Nun geht es weiter. Bitte versuchen Sie, herauszufinden, wie sehr die negativen Gedanken Ihres Unterbewusstseins Sie beeinflussen. Da jeder Mensch anders ist, hat auch jeder eine unterschiedliche Schmerzgrenze, das gilt auch für unseren Geist. Wenn Sie es nicht in Worte fassen können, versuchen Sie, das Problem auf einer Skala von eins bis zehn zu bestimmen. Schreiben Sie sich diese Zahl auf, Sie werden diese in einem späteren Teil des Buches benötigen!

Dann möchte ich noch gerne wissen, was Sie glücklich macht. Da es unser Ziel ist, Ihren Geist und Ihr Bewusstsein zu stärken, müssen wir mit den Dingen arbeiten, die uns glücklich machen. Dies können Hobbys sein, aber auch kleine Dinge, die unter Umständen nicht gewöhnlich sind, helfen uns oft durch den Tag. Versuchen Sie, zwei bis drei Dinge zu finden, die Ihnen ein Gefühl von Sicherheit und Freude geben. Diese Gefühle werden zu Ihrem Katalysator, welcher Ihnen im Laufe des Buches dabei helfen wird, diese positiven Gedanken zu kanalisieren und stärken.

Wenn Sie möchten, können Sie sich kurz einen kleinen Spickzettel machen, auf welchem Sie alle Informationen kurz und kompakt festhalten. Wir werden oft auf diese Stichpunkte zurückkommen, da diese für uns einen Bauplan bilden, auf welchem wir unser Schloss errichten können!

Unser Ziel ist es, dafür zu sorgen, dass Sie einfacher durch den Tag gehen können. Ich möchte sicherstellen, dass Sie sich voll und ganz bewusst sind, dass Sie dies nicht so einfach machen können. Es handelt sich hier um einen längeren Prozess, welcher Ihre Aufmerksamkeit beansprucht. Wer nicht ganz bei der Sache ist, wird auch keinen Erfolg finden. Das soll aber auch wiederum nicht heißen, dass Sie alles in diesem Buch Wort für Wort nach interpretieren müssen.

Wenn es um uns selbst geht, müssen wir alle unsere eigene Lösung finden. Wahrscheinlich werden Sie in diesem Buch auf Passagen stoßen, mit welchen Sie sich nicht identifizieren können. Das ist auch gut so, denn jeder ist anders und jeder hat seine eigene Meinung und Ansichten. Würde ich Ihnen hier eine

Ideologie aufzwingen, wäre das Thema des Buches mehr als unangebracht. Am Ende sind Sie immer noch die Person, die darüber entscheiden kann, was Sie für richtig halten und was für Sie eine positive Resonanz erzeugt.

In diesem Buch werden Sie auf viele Passagen treffen, in welche man tief reininterpretieren kann. Das ist auch gut so, damit Sie auch ein bisschen darüber nachdenken, was eine spezifische Aussage für Sie vielleicht bedeuten kann. Vergessen Sie nicht, dass Sie die Kontrolle haben! Sie können darüber entscheiden, wie Sie sich von diesen Inhalten beeinflussen lassen. Natürlich sollte dieser Einfluss ausschließlich positiver Natur sein, doch ab und zu finden wir alle dann doch noch etwas, womit wir uns einfach nicht anfreunden können. Das ist menschlich und das ist auch gut so. Wenn Sie sich mit einer Aussage nicht identifizieren können, bitte zwingen Sie sich diese nicht auf!

Dann kann es auch schon fast losgehen!

Was ich Ihnen noch mitgeben möchte, ist nichts weiter als Kraft und Mut. Ich weiß nicht, aus welcher Lage Sie kommen, aber ich weiß, dass Sie fähig sind, an sich selbst zu arbeiten. Den ersten Schritt haben Sie bereits getan, nun liegt es daran, Ihren eigenen Weg zu finden. Dieser wird nicht linear verlaufen, so funktioniert das Leben leider nicht. Doch wenn Sie lernen, wie Sie mit diesen unerwarteten Kurven und Abzweigungen umgehen können, kann Ihr Weg noch so krumm werden. Für Sie ist es dann nicht mehr nur Stress und Angst, sondern auch ein Abenteuer.

Ihr Unterbewusstsein kennenlernen

Sie sind Sie selbst. Niemand anders ist genau wie Sie. Noch nicht mal ein Klon könnte Sie eins zu eins nachahmen. Dieser würde zwar Ihre Gene und Ihren Verstand kopieren, könnte aber nie und nimmer Ihren Geist duplizieren. Wenn so etwas irgendwann einmal möglich ist, sollte sich jeder gut überlegen, ob dies eine weise Entscheidung ist. Wenn

Sie nicht mehr Sie selbst sind, wer sind Sie dann? Kann man einfach den Körper von dem Teil trennen, welcher uns zu dem macht, wer wir sind? Kann man das Gehirn einfach wie ein Stück Lego aus einem Bauwerk entfernen und in ein anderes wieder einfügen?

Mit diesen Fragen müssen wir uns zum Glück noch nicht rumschlagen, doch ist es schon beeindruckend, was unsere moderne Welt sich als Ziel gesetzt hat.

Wie es für Sie und mich weitergeht, hängt dagegen ganz von uns selbst ab. Sie befinden sich womöglich gerade in einer unangenehmen Situation oder haben generell eine Tendenz dazu, mehr negative als positive Dinge wahrzunehmen. Um dies zu ändern, werden wir uns in diesem Abschnitt auf eine Reise in das Unterbewusstsein begeben. Nein, ich kann leider nicht mit Ihnen mitreisen. Sie sind Sie und ich bin ich. Wir können nicht wissen, was sich im Kopf und Geist des anderen gerade abspielt. Was wir aber machen können, ist, dem anderen zu signalisieren, dass wir auf derselben Wellenlänge sind. Ein gemeinsames Ziel schmiedet nicht nur ein enges Bund, es hilft gleichzeitig den Menschen, die Dinge aus der Perspektive des anderen zu betrachten.

Haben Sie sich schon ein Ziel gesetzt? Wenn dies der Fall ist, sollten Sie es für das Nächste für sich selbst behalten. Schreiben Sie dieses auch nicht auf ein Blatt Papier und speichern Sie es erst recht nicht als Dokument auf einem sozialen Medium. Dieses Ziel ist für Sie und Sie allein. Dieses Abenteuer ist für Sie bestimmt. Es ist nicht egoistisch, wenn Sie es für sich behalten!

Wenn Sie startklar sind, bitte ich Sie nun, Ihren Sitzgurt zu festigen. Wir begeben uns auf eine Reise ins Unbekannte, dann kann etwas Sicherheit nie schaden!

Wenn Sie zum ersten Mal in die Tiefen des eigenen Verstandes eintauchen, kann es für den einen oder anderen schnell zu viel werden. Wenn Sie sich an einem Punkt nicht wohl oder sicher fühlen, ist es überhaupt nicht schlimm, wenn Sie diese Blockade nicht sofort lösen können. Wir müssen Stress und Panik vermeiden, damit wir Freude und Gelassenheit aufnehmen können.

Mit der Zeit werden Sie verstehen, wie Sie die Kraft Ihres Unterbewusstseins nutzen können. Vielleicht ist es Ihnen noch gar nicht bewusst, aber wussten Sie, dass Ihr Unterbewusstsein Sie rund um die Uhr mit den unterschiedlichsten Wünschen antreibt? Macht, Reichtum und Liebe sind oft die Dinge, die für uns eine hohe Priorität haben. Unser Leben basiert stark auf diesen Faktoren und beeinflusst Entscheidungen, die weit über unsere Fantasie herausragen. Alles, was Sie benötigen, befindet sich bereits in Ihrem Besitz. Dieses Buch wird Ihnen dabei helfen, dieses Potenzial zu schöpfen und Ihnen zur Verfügung zu stellen. Die Tipps dieser Lektüre kommen in einer großen Variation und bieten Ihnen viel Spielraum zum Anwenden. Wenn Weg A nicht funktioniert, versuchen wir einfach Weg B. Ist Weg B nicht optimal, machen wir aus Weg B einfach Weg B+. Können Sie bereits das Muster erkennen? Sie haben die Kontrolle, ich werde Ihnen lediglich Unterstützung bieten.

Sie haben mehr, als Sie vielleicht denken mögen. Wenn Sie sich auf einen Stuhl setzen und Ihre leeren Hände öffnen, haben Sie in diesem Moment wahrlich „nichts"? Ich sehe das ein bisschen anders. Niemand kann wirklich „nichts" haben, denn sonst würde diese Person gar nicht existieren. Wenn diese Person nicht existiert, würde ich gar nicht über diese schreiben.

In den tiefen Schichten Ihres Unterbewusstseins befindet sich noch so viel mehr, was nur darauf wartet, von Ihnen entdeckt zu werden. Eine unendliche Macht, ein riesiger Fluss von Gedankengängen, welcher in einem gigantischen See von Wünschen und Träumen endet. Verborgene Talente, die Sie noch entdecken müssen. All dies gehört Ihnen. Theoretisch sind Sie schon reich, Sie müssen diesen Reichtum lediglich nur anerkennen!

Wenn man es genau nimmt, kann eigentlich kein Mensch auf dieser Welt unkreativ sein. Unser Gehirn und die komplexe Struktur, welche sich aus unseren Nerven und Zellen bildet, ist einfach viel zu fortgeschritten. Das Potenzial, über welches Sie verfügen, ist nahezu grenzenlos. Wir selbst sind diejenigen, die darüber entscheiden, was möglich ist und was nicht. Erreichen Sie einmal das Limit, werden Sie merken, dass das „Limit" nicht das Ende ist. Dieser Begriff ist lediglich ein Platzhalter für den jeweiligen Höchstwert, welchen man zum Beispiel im Sport erreicht hat. In Wahrheit funktionieren die Dinge nicht so, wie es viele von uns glauben. Es braucht eine Menge Arbeit und Durchhaltungsvermögen, um unsere eigenen Grenzen neu zu definieren. Schritt für Schritt können Sie sich Tag für Tag an Ihr Ziel setzen. Dabei ist es egal, ob Sie dafür mehr oder weniger Zeit brauchen.

Sie sind in der Lage, viele Dinge zu tun, die Sie genau jetzt in diesem Moment für unmöglich halten. Dieses Phänomen ist psychischer Natur und ist bei jedem Menschen vorzufinden. Dabei verarbeitet unser Gehirn eine unzählige Menge an Daten und schätzt dabei basierend auf unserem Wissen ein, wie wahrscheinlich etwas für uns zu erreichen ist. Der entschiedene Punkt hierbei ist, dass oft unser Grundwissen für einen bestimmten Bereich nicht ausreicht oder einfach schlichtweg nicht korrekt ist.

Wenn Sie sich nun zum Beispiel vornehmen wollen, auf einem olympischen Niveau zu schwimmen, wird Ihr Gehirn Ihnen innerhalb von einer Sekunde vermitteln, dass dieser Gedanke totaler Quatsch ist. Ja, auch für mich sieht es diesbezüglich eher schlecht aus. Sofort merken wir beide, dass wir uns eigentlich keinen Gedanken über die Arbeit und Zeit, die man in den Sport investieren muss, gemacht haben. Wir gehen einfach ohne Basis und ohne jegliches Vorwissen davon aus, dass wir nicht gut genug zum Schwimmen auf diesem Niveau sind.

Um solch einen Gedankengang entgegenzusteuern, haben wir zwei Optionen. Als Erstes können wir uns eine große Menge an Wissen aneignen. Haben wir das getan, werden wir die Dinge bezüglich zu diesem Thema aus einem anderen Blickwinkel betrachten. Vielleicht ist es einfacher geworden, vielleicht sogar noch schwerer. Es spielt keine Rolle, denn was wirklich zählt, ist, dass wir etwas unternommen haben und die Dinge nicht einfach so hingenommen haben, wie sie uns von unserem eigenen Verstand präsentiert wurden.

Die andere Option ist das Ergreifen der Initiative. Wenn Sie wirklich so stark an sich selbst zweifeln, möchte ich Sie doch bitten, dass Sie diese Zweifel auch beweisen können. Gehen Sie in das nächste Schwimmbad und machen Sie Ihre Runden. Sicherlich kann es doch nicht so schlimm sein, wie Sie vielleicht dachten, oder?

Unser größter Feind sind wir selbst. Wir sind diejenigen, die uns die Limits setzen und uns zweifeln lassen. Wenn Sie aber beweisen können, dass diese Zweifel nichts mit der Realität zu tun haben, werden Sie merken, dass das Problem gar nicht an Ihren kognitiven Fähigkeiten liegt, sondern lediglich an Ihrem Geist.

Ihr Geist lässt sich nur schwer in eine bestimme Kategorie einordnen. Für mich ist dieser etwas, was unseren physischen Teil von dem Rest trennt, der uns zu dem macht, was wir sind. Unseren Geist können wir nicht berühren. Erleidet dieser Schäden, werden uns herkömmliche Medizin und Arznei nicht weiterhelfen. Sie müssen lernen, dass das Prinzip „Sie" auf einer Dualität beruht. Soll heißen: Sie bestehen aus zwei Teilen, die voneinander abhängig sind. Ist ein Teil eingeschränkt, funktioniert das Uhrwerk nicht richtig oder bleibt in manchen Fällen sogar stehen.

Ihr Geist hat für Sie eine wichtige Funktion. Dieser steuert sowohl Ihr Bewusstsein als auch Ihr Unterbewusstsein. Rationale Gedankengänge und Fantasien sind wahrscheinlich das einfachste Beispiel, um Ihnen zu zeigen, dass unser Geist für beides zuständig ist. Dieser lässt uns unsere Wünsche und Träume durch das Schließen der Augen erleben, kann aber auch in ernsten Situationen im Leben dafür sorgen, dass wir die richtige Entscheidung treffen. Ihr Verstand ist also zu beidem fähig.

Egal, wo Sie Ihr Leben auf dieser Welt verbringen, ein paar einfache Blicke um Sie herum werden genügen, um Ihnen zu zeigen, dass viele Menschen in Ihrer Umgebung ein Leben führen, welches schlicht auf Oberflächlichkeiten beschränkt ist. Nicht viele sind es gewillt, die Dinge nicht nur aus einer neuen Perspektive, sondern gar von einer ganz anderen Ebene zu betrachten. Dies soll kein Vorwurf an die Menschen sein, sondern stellt lediglich eine Beobachtung dar, die auch Sie schnell erkennen werden.

Ein weiterer Kernpunkt unserer Reise ist etwas, was Sie jeden Tag machen. Nicht nur Sie, sondern auch jeder andere Mensch auf dieser Welt. Es ist etwas, worauf wir nicht verzichten können, und doch gibt es unzählige Statistiken, die zeigen, dass wir nicht genug davon kriegen. Richtig, nun werfen wir einen Blick auf unseren Schlaf.

Nach einem harten Arbeitstag sind wir in der Regel ziemlich erschöpft. Egal, ob wir nun körperliche oder geistige Arbeit leisten, am Ende des Tages haben wir alle unser Bestes gegeben. Nun sind auch vielleicht Sie von einem Problem betroffen, was für viele Menschen sich leider zur Norm entwickelt hat. Es muss noch nicht mal eine Schlafstörung sein, die uns die Nacht zur Hölle macht, bereits kleine negative Gedankengänge können uns schnell aus der Ruhe bringen. Dies hat für unseren physischen Körper so gut wie keine Folgen, denn dieser ruht sich schön weiter aus, doch für unseren Geist hat solch eine Störung oft immense Folgen.

Es gibt mehrere Methoden, die ich Ihnen ans Herz legen kann, wenn es um die Bekämpfung von Sorgen und Stress vor dem Schlaf geht. Zum einen können Sie versuchen, ein wenig vor dem Schlafen zu meditieren. Das hört sich jetzt für viele einfacher an als gesagt, doch wie ich Ihnen bereits gesagt habe, können Sie gerne aufgeben, aber erst, nachdem Sie es versucht haben. Chancen bestehen, dass Sie viel gelassener ins

Bett kommen und Ihren Geist so einen großen Gefallen tun.

Wenn Sie kurz vor dem Schlafen noch Filme oder Ähnliches schauen, sollten Sie vielleicht mit dem Gedanken spielen, circa 30 Minuten vor dem Schlafen die elektrischen Geräte beiseitezulegen. Diese wirren Ihren Verstand nur auf und geben Ihrem Unterbewusstsein eine Menge Informationen zum Verarbeiten. Dieser Vorgang findet dann statt, wenn Sie versuchen, sich in den Schlaf zu begeben. Ich weiß ja nicht, wie es Ihnen geht, aber mir würde es auch schwerfallen zu schlafen, wenn mir konsequent jemand mit einem Presslufthammer die Rübe zerbersten möchte.

Lesen Sie stattdessen ein Buch oder trinken Sie eine Tasse Tee. Wichtig ist, dass Sie dabei auch von anderen Bildschirmen fernbleiben. Ja, auch das geliebte Handy hat keinen Platz bei Ihnen während der Ruhephase.

Befinden Sie sich nun im Bett, sollten Sie zunächst dafür sorgen, dass Sie sich geborgen und sicher fühlen. Entspannen Sie sich und legen Sie sich so hin, dass Sie auch in dieser Position einschlafen könnten.

Nun muss ich noch sicherstellen, dass Sie mich auch zu 100 Prozent verstehen, wenn ich Ihnen sage, dass Sie sich keinen Druck machen sollen, wenn Sie nicht sofort einschlafen. Wenn Sie schon im Bett liegen können, ohne sich von irgendwelchen negativen Gedanken stören zu lassen, haben Sie bereits einen großen Schritt in die richtige Richtung getan. Liegen Sie nun im Bett mit beiden Augen geschlossen, können Sie diese Gelegenheit nutzen, um über Ihre Wünsche und Ziele nachzudenken. Das ist besonders wichtig, da Sie sich nun in kurzer Zeit in den Schlafmodus begeben. Wenn wir schlafen, haben wir nur begrenzte Kontrolle über das Geschehen unserer Umgebung. Manchen fällt es leicht, die Dinge in unseren Träumen zu beeinflussen, und sind sogar manchmal dazu in der Lage, sich an viele Teile der Träume zu erinnern. Andere dagegen sind im Vergleich ein Fels in der Brandung und löschen beim Aufwachen die gesamte Festplatte mit Informationen, die während des Schlafes gesammelt wurden.

Ob Sie nun Typ A oder Typ B sind, ist nicht von großer Bedeutung, da beide Seiten ihre Vor- und Nachteile haben. Konzentrieren Sie sich ganz auf Ihre Bedürfnisse und Wünsche, indem Sie an den Stellen arbeiten, mit denen Sie unzufrieden sind. Oft ist die Wurzel unserer Probleme einfacher zu packen, als wir es vielleicht für möglich halten. Haben Sie zum Beispiel das Gefühl, ständig erschöpft zu sein, kann bereits eine kleine Änderung Ihres Schlafrhythmus dafür sorgen, dass Sie sich am nächsten Tag schon ein bisschen gestärkter fühlen.

Oft sind es die kleinen Dinge, die einen großen Einfluss auf unseren Körper und Verstand haben. Wenn Sie nicht wissen, was Ihnen Kummer und Sorge bereitet, kann ich Ihnen raten, dass Sie versuchen, Ihren Tagesablauf zu protokollieren. Listen Sie dabei alle wichtigen (auch die kleinen) Ereignisse auf und versuchen Sie, diese zu bewerten. Wiederholen Sie diesen Prozess und eliminieren Sie die Dinge, die Ihnen vielleicht unterbewusst Schaden zufügen!

Von Körper zu
Geist

Wie zuvor erwähnt, haben Bewusstsein und Unterbewusstsein eine große Macht. Ob Sie diese nutzen oder sich von diesen steuern lassen, hängt ganz an Ihnen. Manche Dinge können wir selbst nicht beeinflussen. Unser Herzschlag, Blutkreislauf und unsere Atmung sind Dinge, die einfach von der Hand gehen, ohne dass wir uns aktiv mit diesen beschäftigen. Wir sind der Puppenspieler, welcher selbst an eine Naht gebunden ist. Wir bewegen unsere Knochen und Muskeln, strecken unsere Arme und Beine und navigieren mit unseren Augen.

Als Gast in unserem eigenen Körper genießen wir einen riesigen Vorteil, welchen unser Unterbewusstsein nicht hat. Wir haben die Möglichkeit der Pause. Wer hätte gedacht, dass so etwas ein Segen sein könnte? Ich selbst war fassungslos, als ich mir bewusstwurde, wie glücklich ich mich schätzen kann, dass ich die Wahl habe.

Stellen Sie sich doch einfach mal vor, wie das Leben wäre, wenn Sie von Geburt an bis zum Ende nicht eine einzige Sekunde Ruhe und Frieden genießen könnten. Wahrscheinlich nicht Ihre erste Wahl, oder? Nun, unser Unterbewusstsein hat leider nicht die Wahl. Dieses ist rund um die Uhr für uns im Einsatz und sorgt dafür, dass unser System, der Körper, funktionieren kann. Gesteuert wird alles von dem Gehirn. Dieses ist unsere Kommandozentrale und ist dafür verantwortlich, welche Befehle an die unterschiedlichen Bereiche unseres Körpers gesendet werden.

Auch im Schlaf arbeitet unser Gehirn zusammen mit unserem Geist auf Hochtouren. Pausen gibt es nicht, dafür kann es beim Schlafen zumindest ein bisschen Last verarbeiten und dafür sorgen, dass wir am nächsten Morgen wieder frisch und munter sind.

Wie Sie sehen, ist das Schlafen so viel mehr, als es den Anschein macht. Eine gesunde Balance ist wichtig, damit nicht nur unser Körper stark bleibt, sondern gleichzeitig auch unser Geist und Verstand sich zumindest ein bisschen erholen können. Tun Sie sich selbst einen Gefallen und achten Sie auf Ihren Schlaf. Sie werden schnell spüren, dass Ihnen die Dinge leichter fallen werden!

Was auch immer Sie in diesem exakten Moment gerade denken, Ihr Unterbewusstsein verarbeitet noch mehr Informationen als Sie. Welche Gedanken, Meinungen und Theorien Sie auch haben mögen, alles wird von dem inneren Auge genaustens unter die Lupe genommen. Ereignisse und Zustände im Alltag können auch noch so schnell passieren, unser Verstand ist trotz allem immer noch in der Lage, diese auf das kleinste Detail zu archivieren. Wir selbst sind leider nicht in der Lage, diese Informationen direkt aus den Tiefen unseres Unterbewusstseins abzurufen. Dies ist wahrscheinlich auch gut so, denn nicht immer wollen wir die Dinge, die uns Angst oder Trauer bereiten, auf jedes einzelne Detail wieder erleben.

Es ist also auch ein schützender Mechanismus, der unseren Verstand vor zu vielen Informationen schützen soll. Wahrscheinlich haben auch Sie schon mal von dem Begriff PTSD gehört. Wenn man diesen Mechanismus nicht mehr richtig nutzen kann, kann es zu gravierenden Schäden unserer mentalen Gesundheit kommen.

Alle Ihre Gedanken werden von Ihrem Gehirn aufgenommen. Dieses Organ ist wahrscheinlich am engsten in Verbindung mit unserem Geist, da wir selbst auch aktiv dieses nutzen, um überhaupt denken zu können. Sobald Sie etwas in unserer realen Welt aufgenommen haben, wird diese Information zu einem Teil Ihres Geistes. Sie können von nun an entscheiden, was Sie mit diesem Stück Wissen anfangen wollen. Ein Beispiel:

Wenn Sie draußen auf der Straße einer seltenen Hunderasse begegnen, wird sich diese Information effektiver in Ihrem Geist verankern, da es sich um etwas handelt, was sich außerhalb von dem befindet, was wir als „normal" empfinden würden. Der kleine Dackel, welchen wir jeden Tag beim Spazieren sehen, wird dagegen als sehr irrelevant abgestuft, da wir bereits genügend Informationen über diesen verfügen.

Wenn dann das Gehirn beim Schlaf ein wenig entlastet wird, werden oft neue Informationen mit hoher Priorität verarbeitet. Ihnen ist es bestimmt schon passiert! Sie haben am Tag X etwas Außergewöhnliches erlebt und noch in derselben Nacht von diesem Ereignis geträumt. Unsere Gedanken können sich im Schlaf viel besser entfalten und einordnen, auch wenn wir selbst davon gar nichts mitkriegen. Dieser Prozess ist wichtig, damit wir Realität und Fiktion auseinanderhalten können.

Unser Unterbewusstsein ist nicht dafür zuständig, logische Verknüpfungen zu erstellen. Das ist dann doch immer noch unsere Aufgabe, was extrem wichtig ist. Unser Unterbewusstsein sollte nämlich niemals die direkte Kontrolle über uns besitzen. Wenn Sie Ihrem Körper einen Befehl geben, hat sich dieser, ohne auch nur eine Sekunde zu zögern, zu sputen. Sie selbst müssen Situationen einschätzen und Tatsachen akzeptieren, ob Sie es wollen oder nicht. Wenn wir selbst nicht mehr Herr unseres Verstandes sind, kann dies schnell zu gefährlichen Tendenzen führen. Realität und Fiktion vermischen sich und bilden ein Konstrukt, welches wir dann nicht mehr auseinanderhalten können.

Oft beschreiben Menschen mit psychischen Störungen, wie sie die Welt aus einer anderen Perspektive sehen. Wenn man darüber nachdenkt, ist es eigentlich gar nicht so einfach, sich in solch einen Zustand zu begeben. Es benötigt oft eine Art von Information, die unser Gehirn nicht verarbeiten kann oder möchte.

Ereignisse, die selbst für unser Unterbewusstsein zu abstrakt sind, um diese auch in die noch so skurrilste Kategorie einzustufen. Als Resultat wirren diese Gedanken dann ziellos im Geiste des Opfers umher und lassen diesem oft keine Minute zum Ruhen.

Von außen sehen wir das natürlich nicht. Wir als Mitmenschen können lediglich nur ahnen, wie es dem anderen geht. Umso wichtiger ist es, dass wir uns um unsere Nächsten kümmern. Isolation wird selbst den stärksten Willen auf die Dauer brechen, denn der Mensch ist ein soziales Wesen. Ständig haben wir Bedürfnisse, mit anderen zu interagieren. So bestätigen wir nicht nur unsere eigene Position in dieser Welt, sondern sorgen gleichzeitig auch dafür, dass unsere eigene Existenz in den Datenbanken der anderen tief und fest verankert ist. Eine Person auf der Straße vergessen wir innerhalb von wenigen Sekunden, einen Lebensgefährten bis ins hohe Alter nicht.

Also: Geben Sie Ihrem Körper und Geist die nötige Ruhe. Lassen Sie sich von Ihrem Unterbewusstsein nicht in die Knie zwingen und behalten Sie immer im Hinterkopf, dass Sie die Kontrolle über Ihre Gedanken haben.

Fürchten Sie sich nicht vor dem Schlaf. Dies ist eine gute Gelegenheit, um Ihre inneren Wünsche, aber auch Ängste und Zweifel zu sortieren. Behalten Sie einen kühlen Kopf und denken Sie immer daran, dass Ihre Gedanken nicht immer der Realität entsprechen müssen. Oft liegen wir mit unseren Annahmen daneben, was uns manchmal positiv überraschen kann!

Wissen Sie, worauf Ihr Unterbewusstsein noch mehr Einfluss hat, als Sie selbst? Ihren Körper! Ob Sie nun hellwach sind oder nachts schlafen – Ihr Unterbewusstsein stellt sicher, dass alles reibungslos vonstattengeht. Der gesamte Organismus Ihres Körpers wird von diesem gesteuert. Ihr Herzschlag lässt sich stark davon beeinflussen, wie Sie sich gerade fühlen. Panik und Ängste lassen dieses in die Höhe schießen, aber auch Freude und ein gesundes Lachen können unseren Herzschlag wandeln. Das Blut in unserem Körper wird ständig mit neuem Sauerstoff versorgt. Selbst unsere Verdauung gehört zu den vielen Aufgaben, welche unser Unterbewusstsein für uns übernimmt.

Interessant ist dabei zu sehen, wie unser Körper auf die unterschiedlichen Situationen und Umstände reagiert. Ähnlich wie beim Sport kann unser Körper auch durch andere Dinge stark ins Schwitzen kommen. Haben wir zum Beispiel zu viele negative Gedanken, werden Sie feststellen, dass selbst einfache Aufgaben wie Zähne putzen oder Aufräumen zu einer lästigen

Angelegenheit werden. Unser Körper signalisiert uns so, dass etwas nicht ordentlich verarbeitet wurde. Oft werden diese Symptome auf andere Dinge geschoben, weil es uns auch oft an Einsicht fehlt. Das ist leider ein Problem, was jeder Mensch von Geburt an mit sich trägt. Man kann noch so selbstlos sein, wie man möchte, das Unterbewusstsein wird immer das eigene Wohl an erste Stelle packen. Suchen Sie in solchen Fällen nicht nach Ausreden, um Ihren aktuellen Zustand zu rechtfertigen, sondern stellen Sie sich selbst die kritischen Fragen, vor denen andere vielleicht Angst haben würden.

Wir besitzen nur diesen einen Körper. Es sollte immer unsere höchste Priorität sein, diesen vor Schaden jeglicher Art zu schützen. Ihr Unterbewusstsein tut dies automatisch, doch funktioniert dieser Schutz auch nur, wenn Sie sowohl körperlich als auch psychisch gesund und munter sind. Es gibt viele Quellen, die Ihr Unterbewusstsein nutzt, um Ihnen ständig mitzuteilen, warum Sie auf sich selbst aufpassen müssen. Oft ist es die Familie, die uns am Herzen liegt. Vielleicht auch ein großer Traum, welchen man nur erfüllen kann, wenn man auf sich selbst und seinen Körper aufpasst. Es hat schon einen Grund, warum wir uns schlecht fühlen, wenn wir die Regeln brechen, die wir uns selbst aufgestellt haben. Ein bekanntes Beispiel wäre das „Cheaten" bei der Diät. Ein kleiner Moment der Schwäche und schon hat man den Schokoriegel im Mund. Dem Körper macht dieser eine Bissen nichts aus, aber das Unterbewusstsein weiß ganz genau, wie gravierend es ist, wenn man sich selbst nicht treu bleiben kann. Behalten Sie immer im Hinterkopf, dass unsere Körper mit dem Alter nicht besser, sondern schlechter werden.

Destruktive Gedanken und ihre Folgen

Wenn Sie positiver denken möchten, müssen wir zunächst dafür sorgen, dass Sie nicht nur negative Gedanken ausblenden und mit diesen abschließen, sondern es gilt auch, dafür zu sorgen, dass Sie verstehen, wie diese Gedanken entstehen und welche Folgen diese für Sie und Ihren Körper haben können. Diese Gedanken kommen in unterschiedlichen Variationen und sind für jeden von uns anders. Es gibt keinen Guide auf dieser Welt, welcher eins zu eins auf Ihren Fall anzuwenden ist. Sie allein sind der Schlüssel zu diesem Problem und nur Sie allein können dazu beitragen, es zu lösen. Natürlich müssen Sie dies nicht allein tun. Die Inhalte dieses Buches vermitteln Ihnen Tipps und Tricks, die Sie frei anwenden können. Doch sollten Sie auch nicht zögern, andere Menschen nach ihren Erfahrungen zu befragen. Werden Sie dabei nicht zu persönlich und achten Sie besonders darauf, dass Sie Ihrem Gegenüber nicht zu sehr auf die Pelle rücken. Nicht alle sind vielleicht so offen wie Sie und bereit, über ihre Gedanken frei zu reden.

Besitzen Sie nun destruktive Gedanken, ist dies zunächst kein Grund, alle Alarmglocken auf Rot zu stellen. Wir sind immer noch Menschen und haben gelegentlich den einen oder anderen Aussetzer. Wut und Zorn sind Dinge, die wir alle kennen. Solche Gefühle lassen sich für uns nur schwer unterdrücken, besonders dann, wenn wir keine Macht in einer bestimmten Situation haben. Sind diese Gedanken im Geist angekommen, werden diese wie alle anderen Informationen verarbeitet. Nun wird es interessant. Unser Unterbewusstsein arbeitet nun mit diesen Gedanken und versucht verzweifelt, diese in eine passende Kategorie einzuordnen. Tief im Inneren weiß es aber auch, dass unser aktives Bewusstsein mit diesen Gedanken noch nicht abgeschlossen hat. Unser bewusstes „Ich" hat nämlich noch ein paar Rechnungen zu begleichen, jedenfalls glauben wir das. In Wahrheit lässt es sich nur schwer sagen, warum wir uns so schwer damit tun, Wut und Hass so zu verarbeiten, wie wir es mit anderen Gedanken tun.

Handelt es sich bei der Situation um ein einmaliges Erlebnis, wie Beispielsweise eine Schlägerei, wird es uns mit der Dauer einfacher fallen, diese Gedanken zu begraben. Ist es aber etwas, was uns jeden Tag aufs Neue begegnet, werden die Gedanken nur noch gestärkt, was mit der Zeit dafür sorgt, dass unser Unterbewusstsein nicht mehr in der Lage ist, sich mit diesen Informationen auseinanderzusetzen. Ab diesem Moment beginnen wir dann, irrational zu handeln.

In Amerika ist dieses Problem stark verbreitet. Ein kapitalistisches Schulsystem, welches darauf aufgebaut ist, die Starken zu fördern und die Schwachen abzustoßen. Sicherlich haben auch Sie von einem „School shooting" in den Staaten gehört. Dieses Thema ist traurigerweise schon fast normal geworden, da es sich jährlich dutzende Male wiederholt. Die Schüler selbst sind dabei meist die Opfer, auch diejenigen, die eine Tat am Ende begehen. Es braucht eine Menge destruktiver Gedanken und Gefühle, um solch eine irrationale Tat zu vollbringen. Es zeigt uns, dass wir uns immer um das Wohlergehen unserer Mitmenschen kümmern müssen, auch von denen, die uns vielleicht nicht so nahestehen.

Meistens reicht es nicht aus, nur die Ursache dieser Gedanken zu beseitigen. Wenn man für viele lange Jahre gelitten hat, ist es nie gut genug zu sagen, dass es nun besser wird, nur weil das Problem nicht mehr präsent ist. Der Schaden ist schon lange entstanden und ist zu diesem Zeitpunkt auch schon ein Teil des Geistes. Destruktive Gedanken sind deshalb so gefährlich, da wir diese einfacher wahrnehmen als die Dinge, die uns glücklich machen. Kaufen Sie für 100 Tage in Folge Früchte beim wöchentlichen Markt, werden Sie sich an den Tag erinnern, an dem die Früchte verdorben waren und Sie wegen diesen ins Krankenhaus mussten. Für uns ist es einfach, sich die schlechten Dinge zu merken, da diese seltener in unserem Leben vorkommen und oft auch größeren Einfluss auf uns und unser Umfeld haben. Gewinnen Sie in der Lotterie 20 Euro, freuen Sie sich ein bisschen und denken darüber nach, welche Kleinigkeiten Sie mit Ihrem Gewinn einkaufen können. Werden Sie aber beim zu schnellen Autofahren geblitzt, erscheinen uns die 30 Euro für das Knöllchen schon fast wie eine lebenslängliche Haftstrafe.

Jeder einzelne negative Gedanke schadet uns und unserem Geist. Jedes Mal, wenn Sie sich durch Zorn, Angst und Eifersucht beeinflussen lassen, verlieren Sie einen Kampf gegen sich selbst. Diese Emotionen sind Gift für Körper und Geist. Ein Gift, welches je nach Dosierung uns von innen zerstören kann. Selbst wenn es nicht allzu häufig vorkommt, kann ein geschädigtes Unterbewusstsein dafür sorgen, dass wir in den wichtigen Momenten im Leben die falsche Entscheidung treffen.

Quizfrage: Würden Sie es als rational betrachten, wenn eine Mutter während der Schwangerschaft pausenlos raucht und Alkohol konsumiert? Sicherlich wissen Sie die Antwort bereits und ich kann Ihnen sagen, dass es die Mutter auch tut! Trotzdem lässt sie sich von ihrem Unterbewusstsein steuern, weil dieses nicht mehr weiß, was es mit den vorhandenen Informationen anstellen soll.

In solchen Situationen kann es schwer werden, negative Gedanken zu bekämpfen. Doch sollte man den Kampf niemals aufgeben, egal wie hart dieser noch werden könnte. Sie haben immer die Gelegenheit, Ihre alten Gewohnheiten zu ersetzen!

Nun ist es an der Zeit, dass Sie sich Ihren Zettel von vorher schnappen! Haben Sie alle wichtigen, positiven und negativen Gedanken notiert? Selbst wenn dies nicht der Fall ist, sollten Sie wenigstens ein paar Gedankengänge für beide Seiten im Kopf behalten.

Zunächst werden wir uns darum bemühen, Lösungsansätze für die negativen Gedanken zu erforschen. Ich weiß, dass das nicht so leicht ist, doch müssen wir gar nicht erst mit dem Positiven anfangen, wenn wir das Negative nicht bekämpfen können!

Haben Sie nun ein Problem, welches sich vor einer langen Zeit abgespielt hat, gehe ich davon aus, dass Sie Schwierigkeiten damit haben, mit etwas abzuschließen. Das Leben endet an einem Punkt für jeden von uns, doch kann ich Ihnen sagen, dass das viel besser ist als das „ewige Leben". Wenn wir bereits nach 80 Jahren so aussehen, stellen Sie sich einfach einmal unseren Körper nach 1.000 Jahren vor. Dann bin ich mir sicher, dass auch Sie lieber Ruhe und Frieden haben würden.

Jetzt mal Spaß beiseite: Sie brauchen keine Angst vor dem Unbekannten zu haben. Genießen Sie Ihr Leben in vollen Zügen und Sie werden merken, dass es sich immer lohnt, nach vorne zu schauen.

Haben Sie Probleme mit Wut und Zorn, kann ich Ihnen empfehlen, dass Sie sich nach einer Art Ventil umschauen. Wenn wir das Problem selbst nicht direkt lösen können, müssen wir nach Umwegen suchen. Wenn sich keine Umwege finden lassen, müssen wir kreativ werden. Ich möchte Ihnen nun einmal von einer Situation erzählen, die mir selbst passiert ist und auch immer noch ein aktiver Teil meines Lebens ist.

Bevor ich aber mit dieser kurzen Geschichte anfange, möchte ich noch kurz erwähnen, dass es sich hierbei um eine Situation handelt, welche nun schon gute fünf Jahre andauert. Nach diesen fünf Jahren muss ich im Nachhinein zugestehen, dass ich selbst vielleicht auch nicht gerade optimal gehandelt habe. Ich würde heute sogar behaupten, dass ich mich teilweise fast kindisch verhalten habe. Es zeigt uns erneut, dass es nicht viel braucht, um aus einem rational denkenden Menschen einen Clown zu machen. Sie werden sehen, dass Sie nicht allein sind und dass wir unsere Emotionen nicht immer unter Kontrolle halten können.

Versuchen Sie, aus meinen Fehlern zu lernen und beobachten Sie, wie ich selbst noch zu dem Problem beitrage, ohne es selbst überhaupt zu merken!

Storytime

Ich selbst lebe mit meiner Familie in einer Wohnung im ersten Stock. Über uns wohnt eine Person, die schon ein bisschen älter ist und zudem noch an einer Hörbehinderung leidet. Nun passiert es nicht allzu selten, dass diese Person in der Nacht nach Hause kommt und plötzlich anfängt, herumzuschreien. Ich kann dabei nur davon ausgehen, dass die Person lediglich telefoniert. Für mich selbst ist es natürlich ein lautes Gebrüll, was einem um ein Uhr nachts ordentlich auf die Nerven gehen kann.

Wir haben oft versucht, mit der Person über uns zu reden, und diese sagt ständig, wie leid es ihr doch tut und dass man sich bessern möchte. Das funktionierte dann auch, wenn lediglich für ein paar Wochen. Es scheint fast so, als würde es diese Person absichtlich machen, um uns zu provozieren.

Mit der Zeit wurden wir immer unhöflicher und fingen damit an, der Person mit der Polizei zu drohen. Alle von uns waren fast permanent gestresst und selbst wenn über uns Ruhe war, haben wir selbst dafür gesorgt, dass wir permanent gestresst waren, da es ja jede Sekunde oben wieder anfangen könnte. Unsere Laune war im Keller und eigentlich konnte man sich fast gar nicht mit dem anderen unterhalten, da es immer möglich war, dass einer das „Tabu-Thema" aufbringen könnte.

Mit der Zeit hat sich nicht viel verändert. Ich sitze immer noch im selben Zimmer und mache die gleichen Dinge wie vorher. Über uns befindet sich noch der gleiche Nachbar und dieser führt immer noch seine gleichen lauten Telefonate. Der einzige Unterschied ist nun, dass wir alle zusammen gelernt haben, das Beste aus unserer Situation zu machen. Er selbst kann auch nichts dafür, dass er nicht gut hören kann. Unser egoistischer Ansatz hat dafür gesorgt, dass wir vergessen haben, dass die Menschen um uns herum auch nicht immer die Kirschen von der Torte bekommen. Es geht nicht immer nur um uns, sondern auch um die anderen!

Viele Dinge lassen sich durch Gespräche lösen. Wenn man sich nicht lösen kann, kann man immer noch dafür sorgen, dass man einfacher mit diesen klarkommt.

Sehen Sie, wie schnell man selbst zu dem Problem wird? Ein einzelner Gedanke ist alles, was es braucht, um uns aus der Bahn zu werfen. Wut und Zorn kontrollieren unser Verhalten und schaden unserer Identität. Angst und Furcht halten uns in einem Käfig gefangen, aus welchem wir nur schwer wieder ausbrechen können. Das bedeutet aber nicht, dass wir eine verlorene Sache sind! Suchen Sie nach Alternativen, die Ihre Gedanken in neue Richtungen steuern.

Es gibt prinzipiell zwei Möglichkeiten, die ich selbst als sehr empfehlenswert betrachte, wenn es um die Bekämpfung von negativen Gedanken geht.

1. Sie können ganz konkret das Problem bei der Wurzel packen. Dies resultiert oft in einer direkten Konfrontation mit dem Kern Ihrer Sorgen. Hören Sie auf, um den heißen Brei herumzureden und ergreifen Sie endlich die Initiative, um Ihr Problem ein für alle Male aus der Welt zu schaffen. Sie sollten dies aber nicht

gleich von heute auf morgen tun, sondern Sie sollten sich zunächst angemessen auf solch eine Konfrontation vorbereiten. Nehmen Sie sich Zeit und denken Sie über Lösungsansätze nach. Kann man mit dem Gegenüber kooperieren, um auf einen gemeinsamen Nenner zu kommen? Können Sie an sich selbst arbeiten, damit Sie Ihre Gedanken leichter für sich behalten können? Brauchen Sie eventuell professionelle Unterstützung, wenn das Problem doch zu viel für Sie allein ist? Es ist keineswegs peinlich, andere um Hilfe zu bitten. Wenden Sie sich an die Menschen, denen Sie vertrauen, und lassen Sie sich in aller Ruhe von diesen helfen!

2. Was auch auf lange Zeit erfolgreich sein kann, ist, wenn man sich neue Dinge sucht, die die alten ersetzen. Finden Sie ein neues Hobby oder kaufen Sie sich ein Haustier, welches Ihnen dabei helfen wird, Ihre Gedanken in eine positive Richtung zu steuern. Nehmen Sie sich mehr Zeit für Sie selbst und gehen Sie die Dinge ein bisschen lockerer an. Oft ist es der Arbeitsplatz, der uns Kummer und Stress bereitet. Zögern Sie nicht, mit Ihrem Arbeitgeber zu sprechen. Dieser muss dafür geradestehen, wenn es seinen Angestellten nicht gut geht. Lassen Sie sich niemals von anderen bedrohen oder einschüchtern! Wenn Sie nicht mehr

weiterwissen, sollten Sie immer darüber nachdenken, wer Ihnen in so einer Situation weiterhelfen kann. Wenn die Polizei benötigt wird, sollten Sie diese auch kontaktieren!

Manchmal sind wir auch einfach nur ausgebrannt, ohne dass wir es überhaupt selbst merken. Vielleicht würde Ihnen ein kurzer (langer) Urlaub auch ganz guttun. Nehmen Sie sich eine Auszeit und genießen Sie zur Abwechslung die Dinge, die Sie bereits in Ihrem Leben erreicht haben. Jeder Erfolg ist es wert, anerkannt zu werden!

Es ist von immenser Wichtigkeit, dass Sie Ihren eigenen Bedürfnissen nachgehen. Fühlen Sie sich nicht schlecht, wenn Sie Ihr eigenes Wohl ab und zu an vorderste Stelle stellen. Niemand wird es Ihnen übelnehmen, wenn Sie sich eine kleine Auszeit nehmen. Vielleicht kennen Sie ja jemanden, der auch eine Pause vertragen könnte. Passen Sie aber auf, dass Sie bei Ihrem Heilungsprozess nicht Ihre Familie mit einbeziehen. Sie sollten in dieser Phase von allen Sorgen befreit werden, auch wenn es Ihnen vielleicht schwerfällt. Ich bin mir sicher, dass die anderen auch nach zwei Wochen Ihrer Abwesenheit immer noch am Leben sein werden.

Nun alles noch mal zusammengefasst: Negative Gedanken sind normal, kein Grund zur Panik. Achten Sie aber darauf, dass diese nicht die Oberhand über Ihr Unterbewusstsein gewinnen. Es wird erst problematisch, wenn negative Gedanken aktiven Einfluss auf Ihr Verhalten haben!

Sie können diese auf Ihre eigene Art und Weise bekämpfen. Ob Sie aktiv das Problem angehen oder doch lieber versuchen, dieses in Vergessenheit zu bringen, liegt ganz bei Ihnen. Schämen Sie sich nicht, andere um Hilfe zu bitten!

Manchmal sind es wir selbst, die dafür verantwortlich sind, dass es uns so schlecht geht. Oft vergessen wir den eigentlichen Grund, warum wir überhaupt so gestresst sind. Behalten Sie immer im Kopf, dass niemand perfekt ist, Sie und ich eingeschlossen!

Das Positive:
Ihr Katalysator
zum Erfolg

E s gibt in unserer Welt zwei Instanzen, die über alles und jeden auf dieser Welt ihren Einfluss haben: Erfolg und Misserfolg. Dabei ist es der Misserfolg, der sich bei vielen Dingen oft auf zwei Hauptgründe zurückführen lässt. Falls Sie nun glauben, dass diese Gründe etwas mit Talent zu tun haben, liegen Sie leider falsch. Viel wichtiger als Talent ist es, ausreichend Zuversicht zu besitzen. Zuversicht und Überanstrengung sind oft genau die Faktoren im Leben, die uns zum Scheitern verurteilen. Meist mangelt es uns an Verständnis über die Wirkung unseres Unterbewusstseins, was zur Folge hat, dass wir nicht in der Lage sind, aus unseren Fehlern zu lernen. Behalten Sie sich immer im Hinterkopf, dass Ihr Unterbewusstsein sich nicht so einfach sagen lässt, was es zu denken hat. Sobald eine grundlegende Vorstellung akzeptiert wurde, wird Ihr Unterbewusstsein mit den vorhandenen Informationen versuchen, diese Vorstellung zu verwirklichen.

Stellen Sie sich vor, dass es nun Ihr Ziel ist, Pilot zu werden. Sobald Ihr innerer Teil diesen Wunsch wahrgenommen hat, wird dieser versuchen, Sie dazu zu bringen, Ihren Wunsch zu verwirklichen. Sie werden merken, dass Sie nun viel mehr Interesse an Themen wie Urlaub oder Flugmaschinen zeigen werden, da Sie unterbewusst wissen, dass diese Dinge etwas mit Ihrem inneren Wunsch zu tun haben.

Einfach ist es natürlich nicht, von heute auf morgen all seine Energie in so einen Wunsch zu stecken. Oft sind noch viele andere Faktoren davon abhängig, ob wir unseren Wunsch nun erfüllen können oder nicht. Talent gehört ohne Frage zu diesen Faktoren.

Wir sind oft in der Überzeugung, dass wir nicht über genug Talent in einem spezifischen Bereich verfügen, um in diesem professionell zu arbeiten. Diese Überzeugung ist nichts weiter als eine Ausrede, die wir jeden Tag nutzen, um uns vor Enttäuschungen und Trauer zu schützen. Tief im Inneren haben wir Angst, dass wir selbst nach tausenden von Stunden immer noch nicht so gut sind, wie wir es gerne sein möchten. Unser Unterbewusstsein teilt uns dann umso deutlicher mit, dass wir uns frustriert fühlen sollten. Frust und Zweifel lassen dann oft unseren Traum ganz platzen, was, um es mal ganz ehrlich zu sagen, schon ziemlich traurig ist!

Um solch ein Szenario zu vermeiden, müssen wir dafür sorgen, dass wir uns permanent mit positiven Gedanken und Anregungen umgeben. Diese werden uns dabei helfen, während unserer Reise standhaft zu bleiben, selbst in den Situationen, in denen wir ab und zu unsere Wohlfühlzone verlassen müssen. Positives Denken wird Sie direkt vom Start bis zum Ende an Ihr Ziel führen. Sie haben nämlich die Möglichkeit, sich Ihr Unterbewusstsein zum größten Verbündeten zu machen.

Alles, was Sie dabei tun müssen, ist es, aus Ihren Fehlern zu lernen. Ja, das klingt jetzt wieder ziemlich stumpf, aber denken Sie mal genau darüber nach. Ein Misserfolg ist natürlich nicht einfach zu verarbeiten, gibt unserem Unterbewusstsein aber auch eine große Menge an Informationen, mit welchen dieses nun arbeiten kann. So lassen sich neue Lösungsansätze finden und Strategien können zudem noch optimiert werden.

Ein weiteres Problem, welches wir oft selber beschwören, ist unnötiger Stress. Stress an sich kann etwas Gutes sein. Dieser sorgt dafür, dass wir unser Tempo halten und nicht zurückfallen. Es gibt sogar den Begriff „Gesunder Stress", weil dieser dafür sorgt, dass wir unsere Arbeit nicht vernachlässigen. Stress kann uns also auch vor uns selbst schützen, was besonders wichtig ist, wenn man sich in einem professionellen Arbeitsfeld befindet, in welchem man sich so gut wie keine Fehler und schon erst recht keine Faulheit erlauben kann.

Wenn Sie sich in einem hektischen Umfeld befinden, sollten Sie nach jeder Gelegenheit suchen, die es Ihnen erlaubt, ein paar Sekunden Ihren Geist zu entspannen. Eine kleine Kaffeepause hat noch niemanden umgebracht und Sie werden schnell merken, wie Ihr Gehirn, wenn auch nur für einen kleinen Moment, wieder ein bisschen runterkommen kann. Ein langer

Tag auf der Arbeit ist sicherlich nicht einfach, aber das ist immer noch nicht ein Grund, seinen eigenen mentalen Zustand zu vernachlässigen. Wenn Sie der Meinung sind, dass Sie kurz an die frische Luft müssen, sollten Sie nicht zögern, dies auch zu tun. Selbst wenn Sie nur die Augen für eine Minute schließen, können Sie sicher sein, dass Sie für diesen Zeitraum geborgen sind. Blenden Sie die Welt um Sie herum aus und lassen Sie sich für diesen Augenblick in Ihre eigene Welt vertiefen. Wenn Sie bereit sind, können Sie wieder die Augen öffnen. Ich bin mir sicher, dass Sie mit einer neuen Kraft Ihre Arbeit nun noch besser erledigen können und das, ohne Ihren eigenen Verstand zu vernachlässigen!

Ein weiteres nützliches Tool, welches Ihnen immer zur Verfügung steht, ist Ihre Vorstellungskraft. Wenn Sie in die Tiefen Ihres Unterbewusstseins eintauchen, begeben Sie sich auf eine Ebene, die nur Sie kennen. Es ist ein Bereich, der für jedes andere Lebewesen auf unserer Erde unerreichbar ist. Mit der richtigen Einstellung können Sie aus diesem Ort einen Palast machen, der Ihnen Sicherheit und Wohl gewährleisten kann.

Wenn Sie aktiv Ihr Unterbewusstsein nutzen, werden Sie auf keinen Widerstand treffen. Es ist also nicht nötig, Ihren Geist dazu zu zwingen, sich in diesen Modus der inneren Ruhe zu begeben. Es reicht schon aus, wenn Sie sich diesen Ort lediglich vorstellen. Natürlich gibt es noch den Teil Ihres Verstandes, der Ihnen sagen wird, dass nichts, was Sie sich hier vorstellen, echt ist, aber versuchen Sie für einen kleinen Augenblick, diesen Teil einfach auszublenden. Denken Sie an die schönen Dinge, die Sie noch erreichen oder besitzen möchten. Malen Sie sich aus den Tiefen Ihres Bewusstseins ein Paradies, welches genau auf Ihre Wünsche zugeschnitten ist.

Ihre Fantasie kennt keine Grenzen. Stellen Sie sich vor, wie Ihr Leben sein könnte, wenn Sie von all Ihren aktuellen Problemen und Sorgen befreit wären! Dies dient nicht nur als Motivation, sondern auch als Erinnerung für Sie selbst, dass es nicht immer so war, wie es jetzt gerade ist. Wenn sich die Dinge in unserem Leben verschlechtern, müssen sich diese an einem bestimmten Punkt auch wieder verbessern. Mit genügend Motivation können Sie alles erreichen, was Sie sich gerade vorstellen.

Wenn Sie mehr und mehr positive Gedanken in Ihrem Unterbewusstsein unterbringen, wird sich dieses ganz von allein gleichzeitig mit Ihrem aktiven Bewusstsein verbessern. Sie werden anfangen, die kleinen Dinge mehr zu würdigen. Vielleicht fällt es Ihnen schon leichter, Aufgaben zu bewältigen, die Ihnen sonst nur eine miese Laune bereiten. Und es wird sogar noch besser!

Ihre Träume werden sich mehr und mehr an das positive Klima anpassen. Vergessen Sie Alpträume und Panik-Attacken! Wer positiv durch den Tag geht, wird umso positiver träumen können!

Wenn Sie viel unterwegs sind und kaum Zeit für sich selbst haben, können Sie nach Alternativen suchen, die Ihnen dabei helfen, positive Gedanken anzuregen. Sie können zum Beispiel einen kleinen Gegenstand mit auf die Arbeit nehmen, welcher Ihnen ein Gefühl von Zuhause gibt. Solche kleinen Anhängsel dienen auch zur Motivation, da sie uns immer daran erinnern, wofür wir jeden Tag früh aufstehen!

Haben Sie einmal die Gelegenheit, sollten Sie sich selbst auch mal etwas Leckeres gönnen. Es hat schon seinen Grund, warum die Leute sagen, dass Schokolade glücklich macht! Wenn wir uns mal nicht gut fühlen, können kleine Snacks dazu beitragen, Glückshormone in unserem Körper zu aktivieren. Diese werden uns jetzt nicht von null auf hundert wieder auf die Beine bringen, können uns jedoch eine Menge Leid von der Seele nehmen. Achten Sie bitte aber darauf, dass Sie nicht bei jeder Kleinigkeit nun zum Kühlschrank gehen. Es ist nicht unser Ziel, ein Problem durch ein neues zu ersetzen. Ich will keine Ausreden hören!

Sport kann auch eine gute Alternative für einen positiven Zeitvertreib sein. Ein ordentliches Workout tut nicht nur unserem Körper, sondern auch unserer Seele gut. Wenn Sie es allein zu mühselig finden, sollten Sie sich nach einem Partner umschauen, der mit Ihnen zusammen trainiert. Was Sie am Ende machen, ist relativ egal, solange Sie sich dabei ordentlich anstrengen. Nach einem intensiven Training setzt unser Körper Glückshormone frei. Sie werden sich also nicht nur beim Training, sondern auch nach diesem viel besser fühlen.

Wenn Ihnen die oberen Dinge nicht liegen, sollten Sie sich als Nächstes am Malen versuchen. Kunst gibt uns die Möglichkeit, viele unserer inneren Gedanken in die reale Welt zu übertragen. Sie brauchen nicht gleich eine große Leinwand, auf welcher Sie die nächste Mona Lisa malen – bereits kleine DIN A4 Blätter und ein paar Bleistifte reichen aus, um unsere Fantasien zu verwirklichen. Das Malen selbst wirkt für viele entspannend und fördert zugleich auch unsere Kreativität. Ob Sie für sich selbst oder für andere Menschen malen, spielt keine Rolle, aber achten Sie darauf, dass Sie etwas erschaffen, was Sie sich vorstellen. Lassen Sie sich von anderen nicht vorschreiben, wie gut oder schlecht Sie sind, und erst recht nicht, was Sie zu malen haben!

Wissen Sie, was der große Vorteil am Unbekannten ist? Es ist der Moment, in welchem wir realisieren, dass wir uns nicht vor diesem fürchten müssen. Haben Sie einmal den ersten Schritt getätigt, werden die kommenden noch einfacher sein. Denn was viele von uns oft vergessen, ist die Tatsache, dass auch das Positive in uns eine ansteckende Wirkung hat. Wer schon mal verliebt war, weiß, dass man so gut wie alles ertragen kann, wenn man Schmetterlinge im Bauch hat. Wenn Sie in der Lage sind, sich von ganz allein in solch einen Zustand zu begeben, werden Sie um einiges glücklicher durch das Leben gehen.

Die Faszination bei dieser Sache ist, dass wir selbst entscheiden können, was uns glücklich macht. Für den einen ist es ein schnelles Auto, für den anderen ein leckeres Essen zum Abendbrot. Wir alle sind unterschiedlich und haben so auch unterschiedliche Ansichten. Wenn Sie eine Sache für wichtig halten, sollten Sie sich auch an diese klammern. Einflüsse von außen könnten Sie nicht weniger interessieren, es geht hier ganz allein um Sie selbst! Sein Sie stolz auf die Dinge, die Sie gut können, auch wenn es nur eine andere Person auf dieser Welt gibt, die es interessiert. Selbst wenn es keine gibt, haben Sie immer noch mich! Sie haben zu jedem Zeitpunkt in Ihrem Leben eine Wahl. Diese Wahl hat so viele Optionen, dass wir diese nicht in eine Liste packen können. Jede Sekunde haben wir die Wahl, etwas zu unternehmen. Jede Sekunde haben Sie die Gelegenheit, Ihren Einfluss auf diese Welt auszuüben. Jede Sekunde treffen wir eine Entscheidung. Machen wir mit dem weiter, was wir die Sekunde davor getan haben? Wollen wir vielleicht nun mit einer anderen Tätigkeit beginnen? Benötigt unser Körper vielleicht neue Rohstoffe, damit dieser weiterhin funktionieren kann?

Was ich Ihnen damit erneut sagen möchte: Sie und nur Sie können über Ihr eigenes Leben entscheiden. Wollen Sie sich wirklich von negativen Gedanken in die Knie zwingen lassen? Dabei gibt es doch so viele schöne Dinge, die man stattdessen machen könnte!

Mit der richtigen Mentalität kann man sorglos in den Tag starten. Nehmen Sie die Dinge selber in die Hand und zeigen Sie dem Rest der Welt, dass Sie stärker sind! Eine starke Person erleidet immer noch Rückschläge, gibt aber niemals auf!

Manipulation und Einflüsse von außen

D ieses Buch handelt hauptsächlich davon, Ihnen zu zeigen, dass man durch positive Gedanken den Körper und Geist stärken kann. Das ist ein Prozess, der sich in Ihrem Inneren abspielt und hat zum größten Teil nichts mit unserer realen Welt zu tun. Doch bin ich mir sicher, dass es immer noch Dinge gibt, vor denen man sich nicht so einfach durch besseres Denken schützen kann. Manchmal erleben wir Situationen, die sich auf einer Skala abspielen, die bis ins Extreme reicht.

Wenn Sie merken, dass andere Ihnen aktiv schaden wollen, wird eine bessere Denkweise vielleicht ein bisschen Ihren Schmerz lindern. Am Ende kleben Sie dann aber nur ein Pflaster auf eine gigantische Fleischwunde, die sich in Ihrem Verstand jeden Tag erneut öffnet. Ich weiß, dass es ein heikles Thema ist, aber es führt kein Weg drumherum, wenn Sie lernen wollen, wie Sie sich besser vor diesen Gedanken schützen können. Ab und zu werden wir in unserem Leben an Stellen geraten, in denen wir uns von Menschen aus unserem Bekanntenkreis manipulieren lassen. Für jeden ist so ein Gedanke natürlich fast unvorstellbar, aber die Realität zeigt uns immer wieder, dass der Mensch ein egoistisches Lebewesen ist.

Es kann viele Gründe haben, warum andere uns beneiden oder uns schlichtweg den Tod wünschen. Man könnte fast meinen, dass diese Menschen gut daran tun würden, dieses Buch zu lesen! Aber wirklich jetzt, sicherlich haben auch Sie schon mal den einen oder anderen Verdacht gehabt, oder?

Ganz oben auf der Liste der Objekte der Begierde ist das Geld. Was könnten wir nicht alles ohne Geld machen? Ein Leben ohne Geld ist kaum vorstellbar.

Wer viel Geld besitzt, macht sich automatisch zu einem Ziel. Ist man dann noch doof genug, auf sozialen Medien mit seinem Reichtum anzugeben, wird man schnell merken, dass sich die Menschen um einen herum anders verhalten. Oft hat man plötzlich ganz viele Freunde, von denen man selber noch nie etwas gehört hat. Es kann aber auch passieren, dass selbst die eigene Familie einem die kalte Schulter zeigt. Besonders oft passiert es zwischen Geschwistern. Hat der eine Erfolg, fühlt sich der andere unterlegen. Diese Gefühle entwickeln sich schnell zu Hass und können in manchen Fällen zu harten Eskalationen führen.

Wenn Sie nun über viel Geld oder Wertgegenstände verfügen, bitte, bitte und noch mal bitte ich Sie, dass Sie diese Information für sich behalten. Geld ist der Nummer 1 Mörder auf unserem Planeten. Geld entscheidet oft, wer lebt und wer stirbt. Tun Sie sich selbst einen Gefallen und bleiben Sie von diesem Bereich so weit fern, wie es möglich ist. Lassen Sie sich von einem Berater Tipps geben, wie Sie am besten mit Ihren finanziellen Mitteln umgehen können. Im Zweifel behalten Sie es einfach für sich!

Ähnlich wie mit dem Geld kann es auch oft passieren, dass Liebe unseren Mitmenschen mehr Schaden als Gutes zumutet. Wer auf eine Beziehung neidisch ist, ist ständig von Giften umgeben, die Körper und Geist auf allen Ebenen attackieren.

Von außen lässt es sich immer nur schwer sagen, wer nun einem treu ist und wer zu später Stunde versucht, uns unser Glück zu nehmen. Ich bin kein Beziehungsexperte, aber ich kann Ihnen sagen, dass sich das Verhalten unserer Mitmenschen oft stark verändert, wenn man kritische Fragen stellt. Nehmen Sie all Ihren Mut zusammen und gehen Sie jeder Spur nach, die zu eventuellen Beweisen führen könnte. Es ist ohne Frage nicht einfach, Freund von Feind zu unterscheiden. Menschen verändern sich. Manchmal ist es einfach nicht so, wie man es sich gewünscht hat. Wenn sich beide Seiten nicht mehr ausstehen können, muss man darüber nachdenken, andere Wege einzuschlagen. Wenn Sie Teil einer toxischen Beziehung sind, ist es vielleicht das Beste für Sie und Ihren Geist, mit dieser abzuschließen.

Sie sollen jetzt aber nicht paranoid werden und jeden Menschen in Ihrer Umgebung aufs kleinste Detail inspizieren. Wenn Sie das Gefühl haben, dass etwas nicht richtig ist, ist es angebracht, eigenen

Nachforschungen nachzugehen. Sollte Ihnen Ihre Intuition aber mitteilen, dass alles in Ordnung ist, dann tun sich selbst einen Gefallen und belassen Sie es dabei. Wenn wir unsere Wahnvorstellungen echt werden lassen, hilft auch kein positives Denken mehr.

In der Regel ist es also gut, wenn man viele Dinge dann doch lieber für sich selbst behält. Stellen Sie Fragen, wo man Fragen stellen muss, aber lassen Sie sich auf keinen Fall von Ihrem Unterbewusstsein in den Wahn treiben. Unsere Welt mag vielleicht nicht fair sein, aber es gibt immer noch viel mehr Gutes als Schlechtes!

Etwas anders sehen die Dinge aus, wenn wir uns in einen anderen Bereich der Manipulation begeben. Ob zu Hause oder auf der Arbeit – jeden Tag werden Menschen von ihren Mitarbeitern schikaniert und terrorisiert. Leider ist selbst im Jahre 2021 das Geschlecht oft noch ein Faktor, der bei solchen Dingen eine große Rolle spielt. Meistens sind es Frauen, die von männlichen Mitarbeitern genötigt oder belästigt werden. Da es oft Männer sind, die sich in einer Position der Macht befinden, werden Frauen umso mehr erpresst und zu abstrakten Dingen gezwungen.

Wenn Ihnen oder jemandem in Ihrem Umfeld so etwas passiert, wird Ihnen keine Art von positivem

Denken helfen! Sie brauchen nun all Ihren Mut und sollten zunächst dafür sorgen, dass Sie sich Verbündete suchen. Ob dies Menschen in Ihrer Umgebung sind oder direkt die Polizei, müssen Sie selber einschätzen. Wichtig ist, dass Sie sich nicht unterkriegen lassen. Kein Job auf dieser Welt ist es wert, solche Sachen auf täglicher Basis zu ertragen. Springen Sie über Ihren Schatten und konfrontieren Sie die Menschen, die Ihnen schaden. Haben Sie eventuell Beweise, umso besser!

Dann gibt es noch eine Art, die nicht direkt etwas mit uns zu tun hat. Viele Dinge im Leben sind außerhalb unserer Reichweite. Manchmal glauben wir, dass wir ungerecht behandelt werden. Das ist ohne Zweifel schon vorgekommen, so ist unsere Welt nun leider. Es wird nur dann problematisch, wenn wir unser eigenes Leid auf andere schieben. Haben wir einen schlechten Tag, würde ein rational denkender Mensch diesen einfach als schlechten Tag abstempeln und auf einen besseren Start in den nächsten hoffen. Ist man aber total uneinsichtig, werden pessimistische Gedanken für den nächsten Tag schon beim Frühstück eingespeist. Wir können leider nicht alles haben. Uns wird im Leben mehr durch die Hände gehen, als wir greifen können. Chancen werden verloren gehen und Ziele werden am

Ende des Tages nicht erreicht. Wir alle müssen lernen, damit klarzukommen. Es ist keine Schande, wenn wir nicht sofort erfolgreich sind. Genauso müssen wir auch nicht alles beim ersten Versuch schaffen. Der Mensch lebt und lernt. Das Leben ist kein Rennen, sondern ein Marathon. Wer sich schon früh unnötig überanstrengt, wird sein Ziel auf die Dauer nicht erreichen können. Arbeiten Sie sich stattdessen Stück für Stück in Ihrem eigenen Tempo vor!

Die Reise zum Wohlergehen

Auf dem Weg zum eigenen Glück stellen wir uns häufig die Frage, wie wir uns unserem Ziel am schnellsten nähern können. Dieser Grundgedanke an sich ist nicht falsch, doch häufig vergessen wir, dass sich unsere Lebensverhältnisse verändern, wenn wir viel Zeit und Energie in eine bestimmte Sache stecken. Es gibt immer noch Faktoren, auf die wir zu jeder Zeit aufzupassen haben, egal in welcher Situation wir uns befinden. Geld spielt immer eine Rolle, genauso verläuft es sich mit dem eigenen

Zuhause. Vielleicht benötigen wir auch ein Transportmittel, damit wir schnell von Punkt A nach Punkt B gelangen. Wie steht es um unsere Gesundheit? Waren Sie dieses Jahr schon beim Arzt für die jährliche Kontrolle? Es kommt bei all diesen Faktoren darauf an, wie sehr Sie es gewillt sind, Ihre Wünsche zu erfüllen, ohne dabei Ihre eigenen Umstände zu verschlechtern.

Es benötigt also eine Art Balance, die uns motiviert und gleichzeitig dafür sorgt, dass wir uns selbst nicht in unseren Ambitionen verlieren. Unser Geist stellt dabei die fiktiven Gesetze, die wir, ohne es zu merken, jeden Tag befolgen. Diese Gesetze stehen über den physikalischen Kräften unserer Welt, doch gelten diese nur für uns selbst.

Wenn Sie auf der Suche nach Glück und Wohlstand sind, müssen Sie wohl oder übel Ihr eigenes Leistungsvermögen steigern und Ihre Fähigkeiten in unterschiedlichen Bereichen erweitern. Diese Bereiche können sowohl fiktiv als auch real sein, doch behalten Sie immer im Hinterkopf, dass Sie Ihre Definition von „Glück" auf Ihrer Reise nicht verlieren. Gier und Hochmut sind ein teuflisches Paar, was schon vielen Menschen den Hals gekostet hat. Sie werden ohne Zweifel oft in Ihrem Leben auf diese Emotionen stoßen. Ist dies einmal der Fall, denken Sie einfach an die Zeit, in der

Sie gerade mit Ihrer Reise begonnen haben. Denken Sie daran, wie schwer dieser Anfang war und was Sie überwunden haben, um Ihre Träume zu verwirklichen.

Wenn Sie in der Lage sind, Ihr ganzes Potenzial, körperlich als auch geistig, zu entfalten, werden Sie ohne Zweifel Ihre Wünsche in Erfüllung bringen können. Behalten Sie ein Auge auf sich selbst und stellen Sie sicher, dass Sie immer wissen, warum Sie diese Reise auf sich genommen haben.

Selbstvertrauen
wiedergewinnen

Sie sind ein einmaliges Ereignis in unserer Welt. Ihr Leben, Ihre Entwicklung, Ihre Erfolge und auch Ihre Rückschläge machen Sie zu dem, was Sie sind. Sie stehen hier, während die anderen dort stehen. Ihre Gedanken gehören nur Ihnen, keinem anderen! Niemand wird die Welt jemals so sehen, wie Sie es tun. Es gibt keine Person, die so aussieht, wie Sie es tun. Nehmen Sie all Ihren Mut zusammen und sein Sie stolz darauf, dass Sie individuell sind. Ihre Persönlichkeit ist einmalig. Sie haben während Ihrer Kindheit

Dinge gelernt und sich ein eigenes Bild von unserer Welt gemacht. Diese setzen heute einen Standard für Sie, selbst wenn sich unsere Welt schnell und ständig wandelt. Sie verfügen über Erinnerungen, die sonst keiner von uns hat.

Wundern Sie sich nun, warum ich versuche, Sie durch Lob zu motivieren? Nun, zum einen ist das hier immer noch ein Buch zur Stärkung Ihrer Persönlichkeit, aber das spielt jetzt gerade weniger eine Rolle. Vielmehr ist es wichtig, dass Sie endlich verstehen, dass es keinen „Standard" für Menschen gibt. Viele von uns machen sich Sorgen darum, von anderen als „anders" abgestempelt zu werden. Kleidet man sich ein bisschen ungewöhnlich, werden die Leute Sie nicht direkt als Hipster bezeichnen, keine Angst! Wir alle haben diesen einen Gedanken, der uns ständig sagt, dass wir nicht dort hingehören, wo andere sind. Lassen Sie sich von diesen Zweifeln nicht unterdrücken und lernen Sie, wie Sie aktiv Ihr eigenes Schicksal erfüllen können.

Denn am Ende des Tages spielen wir alle eine bestimmte Rolle auf dieser Erde. Es ist jedoch nicht eine Rolle, die uns von einer bestimmten Person erteilt wurde. Es ist lediglich etwas, was wir selbst uns auferlegt haben. Sie müssen sich nicht in eine Rolle versetzen, die Ihnen nicht gefällt. Der Mensch ist durchaus in der Lage, nicht nur den Körper, sondern auch den Geist zu erweitern und zu verändern.

Sie allein sind der Schlüssel zum Erfolg. Was Sie lediglich brauchen, ist genügend Selbstvertrauen. Dieses lässt sich auf unterschiedliche Wege gewinnen. Manchmal brauchen wir auch ein bisschen Bestätigung von den Menschen aus unserer Umgebung. Sie sollten nicht direkt mit Ihren Erfolgen angeben, aber das heißt noch lange nicht, dass es Ihnen nicht erlaubt ist, diese zu genießen.

Wenn Sie Ihr Vertrauen in eine Sache stecken, hat dies oft unterschiedliche Folgen für Ihr Unterbewusstsein. Zunächst gibt es den Grundgedanken, dass Sie davon ausgehen, dass eine bestimmte Sache erfolgreich verlaufen wird. Sie haben sich (hoffentlich) in Ihren Gedanken den Ablauf vorgespielt und kamen zu dem Ergebnis, dass Sie diesen Ablauf nun auf die echte Welt anwenden möchten.

Dieses Vertrauen kann auf vielen unterschiedlichen Quellen basieren. Sind Sie religiös, werden Sie wahrscheinlich viel Vertrauen in Gott und in die Mächte haben, die für uns Sterblichen unerreichbar sind. Andere wiederum glauben an pures Glück, was mehr als selten sich schnell gegen einen stellen kann. Wer aktiv Glücksspiel betreibt, weiß, wovon ich rede.

Ob Sie nun Vertrauen in übernatürliche Kräfte stecken oder nicht, spielt keine Rolle, solange Sie Ihr Vertrauen nicht hintergehen. Das heißt: Sie geben beim ersten Rückschlag sofort auf und lassen so Ihr gesamtes Konzept des Vertrauens zusammenbrechen. So ein Vertrauen kann man schon fast nicht Vertrauen nennen, sondern eher ein „undurchdachtes Risiko". Bleiben Sie immer standhaft, auch wenn die Dinge vielleicht nicht immer rosig aussehen. Es wird schon einen Grund haben, warum Sie sich dazu entschieden haben, Ihr Vertrauen in eine Sache zu stecken.

Selbst wenn es dann am Ende in einem Misserfolg endet, haben Sie immer noch eine wichtige Eigenschaft bewiesen. Sie sind sich selbst vom Anfang bis zum Ende selber treu geblieben. Sie haben während der Reise nicht Ihre eigenen Werte verloren und sind auch in den schlechten Zeiten ständig von positiven Gedanken umgeben, die Ihnen dabei geholfen haben, diese Reise abzuschließen.

Vertrauen Sie sich also mehr. Gehen Sie ab und zu ein (nach logischem Denken) Risiko ein, denn wie das Sprichwort schon sagt: „Wer nicht wagt, der nicht gewinnt!"

Die Welt gehört denen, die mutig sind. Je mehr Mut Sie haben, desto mehr wird sich unsere Welt Ihnen öffnen.

Den inneren Frieden finden

Die Definition von Frieden variiert stark unter dem Auge des Betrachters. Für manche ist es ein entspannter Abend auf der Couch, für andere ein angenehmes Bad nach einem harten Arbeitstag. Der Begriff Frieden hat über die Jahre an Bedeutung gewonnen. Es geht nun nicht mehr nur um Krieg, sondern auch um Dinge, die sich auf einer ganz anderen Ebene abspielen. Wenn Sie nach einer bestimmten Art von Frieden suchen, werden Sie diesen nicht finden. Man kann Frieden nicht erzwingen. Es ist ein Zustand, der ganz von allein entstehen soll, zumindest, wenn es um den eigenen Frieden geht.

Jeden Tag machen wir uns Sorgen. Sorgen um unsere Zukunft und was diese für uns bereithält. Ähnlich wie Stress können auch Sorgen etwas Gutes sein. Ein Gefühl von Sorge zeigt uns nämlich, dass wir uns für eine bestimmte Sache interessieren. Ist diese Sache für uns wichtig, wollen wir unterbewusst immer wissen, dass es dieser Sache gut geht. Das können andere Menschen sein, aber oft sind es auch unsere Haustiere, die sich einen großen Platz in unserem Herzen verschafft haben. Es ist ein Gefühl, das dazu dient, uns und unsere Nächsten zu schützen. Sorge führt oft zu Maßnahmen, die spezifisch darauf ausgelegt sind, eine bestimmte Situation zu vermeiden. Wenn Sie Sorge haben, dass Sie eine Prüfung nicht bestehen, wird Ihr Unterbewusstsein Ihnen mitteilen, dass Sie einfach nur üben müssen. Haben Sie dies getan, verschwindet nicht nur das Gefühl von Sorge, sondern Sie haben gleichzeitig auch einen Schritt zu Verwirklichung Ihrer Träume getan.

Wenn Sie unter Panik-Attacken oder Ähnlichem leiden, ist es umso wichtiger, dass Sie genügend Zeit und Aufwand darein stecken, Ihren eigenen Frieden zu gewährleisten. Meditation kann dabei wahre Wunder bewirken. Nehmen Sie sich ein paar Minuten Zeit und probieren Sie unterschiedliche Übungen. Im Internet werden Sie auf eine große Auswahl von beruhigenden Methoden treffen.

Sortieren Sie immer Ihre Gedanken und behalten Sie Ihren Fokus auf die Dinge, die im Leben wichtig sind. Sorgen sind ein ständiger Teil unseres Weges. Lassen Sie sich von diesen auf keinen Fall in die Irre führen, sondern bleiben Sie stets auf Ihrem eigenen Pfad.

Ein weiterer Schwerpunkt zum Finden des Friedens ist das Abschließen mit Kummer und Reue. Im Leben werden uns viele Chancen durch die Hände gleiten. Menschen werden sich als untreu erweisen und Freunde werden manchmal sogar zu Feinden. Lassen Sie sich von solchen Dingen nicht bedrücken. Sie sind auf keinen Fall die einzige Person, die so etwas schon mal erlebt hat. Der Unterschied entsteht erst dann, wenn Sie anfangen, sich zu viele Gedanken über Dinge zu machen, die bereits in der Vergangenheit liegen. Ab einem bestimmten Punkt ist es notwendig, dass wir lernen, wenn es Zeit ist loszulassen. Verbringen wir den halben Tag mit Gedanken, die nur aus Kummer bestehen, leidet nicht nur Ihr Unterbewusstsein, sondern auch Ihr Körper. Wir müssen anfangen, die Dinge so zu akzeptieren, wie sie sind.

Es fällt uns sicherlich nicht leicht, dies von heute auf morgen zu tun. Unser Unterbewusstsein klammert sich in den Tiefen unseres Verstandes an die noch so kleine Wahnvorstellung, um uns daran zu hindern, mit unserer Vergangenheit abzuschließen. Haben wir einen Fehler gemacht, brennt sich dieser wie ein Stigma tief in unser Bewusstsein. Lassen Sie sich von diesem jedoch nicht aus Ihrem eigenen Frieden bringen. Sie sind nicht perfekt, keiner ist es! Jeder Fehler ist eine Gelegenheit, etwas zu lernen. Nutzen Sie diese Chance, um beim nächsten Mal umso mehr zu scheinen. Zeigen Sie denen, die an Ihnen zweifeln, dass Sie das Zeug haben, ein erfüllendes und aufregendes Leben zu genießen.

Wenn die Leute dann immer noch ihre Köpfe schütteln, sollten Sie einfach lachen. Sie haben immerhin allen Grund zum Lachen. Sie sind nämlich schon in der Lage, das Positive in einer negativen Situation zu identifizieren und zu nutzen. Genießen Sie den Rest Ihres Tages und denken Sie schon heute darüber nach, was Ihnen morgen für spannende Dinge geschehen könnten. Denken Sie daran, dass Sie keine Angst vor dem Unbekannten haben. Ganz im Gegenteil: Sie können es nun kaum noch erwarten, was die Welt Ihnen für neue Gelegenheiten und Situationen morgen servieren wird.

Es muss im Leben nicht immer alles gleich ernst genommen werden. Humor ist eine Eigenschaft, die viel über den Charakter einer Person aussagt. Sie müssen jetzt nicht gleich zum Komiker werden, doch sollten Sie immer offen für ein bisschen Spaß sein. Das Leben ist hart genug, es gibt keinen Grund, uns selber noch mehr den Tag zu vermiesen. Haben Sie einfach ein bisschen Spaß – das hat noch keinem geschadet!

Verbringen Sie Zeit mit den Dingen, die Ihnen wichtig sind. Wenn wir Talent besitzen, ist es mehr als nur logisch, dieses auch zu nutzen. Finden Sie Wege, wie Sie die positiven Aspekte Ihres Lebens auch in anderen Bereichen anwenden können. Sind Sie zum Beispiel begabt in der Kunst, sollten Sie nach Möglichkeiten suchen, diese Begabung auch in anderen Situationen zu nutzen. Sind Sie nur das Blatt Papier gewohnt, ist dies eine gute Gelegenheit, die Möglichkeiten der Technologie zu erforschen. Der Computer kann uns bei vielen Dingen helfen, nicht nur bei der Kunst.

Wenn es Ihnen Spaß macht, anderen Menschen zu helfen und zu unterrichten, können Sie genauso wie beim Malen auch den Computer nutzen, um neue Möglichkeiten zu entdecken. Die Globalisierung gibt uns die Gelegenheit, zu fast jedem Zeitpunkt uns mit anderen Menschen auf dieser Welt zu verbinden. Fühlen wir uns mal nicht gut, sind unsere Gefährten lediglich einen Klick von uns entfernt. Wem das Chatten nicht genügt, der kann dann noch eine Webcam anschließen, damit der soziale Aspekt der Konversation noch effektiver ist.

Finden Sie also Ihren eigenen Frieden, indem Sie Ihre eigenen Talente und Stärken nutzen, um diese in Ihren Alltag zu integrieren. Finden Sie Menschen, die Ihre Begeisterung teilen. Haben wir jemanden, der sich genauso für eine Sache faszinieren kann wie wir, wird diese Sache noch spannender für alle Beteiligten.

Suchen Sie sich vielleicht auch einen Verein, in welchem Sie Ihr Hobby noch intensiver nachgehen können. Sie treffen jeden Tag auf neue Menschen und können gleichzeitig Ihr Wissen noch mehr bereichern. Eine Gemeinschaft hat so viele Vorteile, von welchen Sie profitieren, ohne es überhaupt zu merken.

Frieden muss nicht immer gleich Ruhe bedeuten. Wir alle haben eine andere Ansicht von dem Begriff Frieden. Genauso kann Frieden auch ein Rockkonzert sein. Sind Sie einmal in Ihrem Element, kann Sie niemand mehr stoppen! Lassen Sie sich von Ihren Emotionen leiten und viel wichtiger noch – genießen Sie den Moment!

Aufgaben und Prioritäten

Sie und ich haben jeden Tag Aufgaben und Verantwortungen zu erfüllen. Bereits früh am Morgen gibt es viele Kleinigkeiten, die wir schon gar nicht mehr als „Aufgabe" kategorisieren. Es sind tägliche Abläufe, die wir nahezu automatisiert haben. Aufstehen, Duschen, Frühstücken und Zähne putzen. In welcher Reihenfolge Sie Ihren Tag starten, ist ziemlich egal. Was zählt, ist, dass Sie Ihre Abläufe nicht vernachlässigen. Wer schon zu Beginn des Tages keine Lust hat, sein Bett zu machen, wird sicherlich nicht allzu motiviert sein, richtige körperliche oder geistige Arbeit zu leisten. Kommt man dann nach einem harten Tag nach Hause, ist das Bett immer noch in einem unfertigen Zustand, was der eigenen Laune nicht gerade einen Gefallen tut.

Wenn Sie also große Dinge in Ihrem Leben erreichen möchten, werden Sie nicht um die kleinen herumkommen. Das hat nichts mit Ihren geistigen oder motorischen Fähigkeiten zu tun, sondern es geht hierbei lediglich um Ihren Charakter. Unser Charakter kann viel über unseren eigenen Zustand aussagen. Legen wir keinen Wert auf unser äußerliches Aussehen, werden es andere Menschen bemerken. Hygiene gehört zum Training wie Butter zu dem Brot. Es ist wirklich nicht angenehm, wenn Sie im Bus durch Ihren Geruch und nicht durch Ihren Charakter auffallen. Bevor Sie also mit den großen Plänen beginnen, sollten Sie sicherstellen, dass Sie sich auf einem festen Grund befinden.

Sichern Sie sich bei großen Risiken möglichst gut ab! Je größer das Risiko, desto größer ist auch der Stress, der uns unterbewusst auffressen kann. Halten Sie sich von dubiosen Angeboten fern, die Ihnen Reichtum und Glück ohne Aufwand versprechen. Ja, man kann im Leben auch durch pures Glück an ein

Vermögen kommen, aber dieses Glück werden Sie nicht in einer Online-Anzeige finden, die Ihnen mitteilen möchte, dass Sie der 100.000.000.000. Besucher einer Webseite sind.

Eine der obersten Prioritäten des Menschen ist die eigene Sicherheit. Ob finanziell oder körperlich – wenn wir uns sicher fühlen, können wir unsere Aufgaben viel entspannter erledigen.

Wie Sie Ihre Prioritäten einschätzen, liegt ganz bei Ihnen. Es muss aber immer darauf geachtet werden, dass Sie bei allen Dingen rational bleiben. Ja, Sicherheit und Gesundheit sind wichtig, man kann es aber auch übertreiben. Sie müssen sich nicht dreimal am Tag in die Dusche begeben, nur damit Sie dann ein Gefühl von Sauberkeit haben. Alles auf dieser Welt hat ein Suchtpotenzial. Wenn wir uns zu sehr auf eine Sache fokussieren, vernachlässigen wir nicht nur uns selbst, sondern auch die Dinge im Leben, die wirklich zählen.

Wenn eine Person sich jedes Wochenende mit Freunden in eine Bar begibt, ist das noch lange kein Grund, diese Person als alkoholsüchtig zu bezeichnen. So etwas nennt man Routine. Für manche ist es eine Tradition, für andere einfach nur ein Weg, den Stress des Alltags für ein paar Stunden zu vergessen. Jedem soll es erlaubt sein, seine Zeit so zu nutzen, wie er möchte. Es ist jedoch nicht leicht, den Unterschied zwischen Leidenschaft und Sucht zu erkennen.

Die betroffene Person selbst wird immer sagen, dass es doch nur Leidenschaft ist. Es benötigt also immer zwei oder drei Perspektiven, um einzuschätzen, ob eine Person noch rational handeln kann. Wenn die anderen nicht Teil der Routine oder des Hobbys sind, umso besser, da diese die Situation völlig neutral bewerten können.

Person A sagt uns also nun, dass diese kein Problem mit Alkohol hat. Person B und C wissen jedoch, dass Person A heimlich noch während der Woche trinkt.

Das Problem ist, dass es für Person A nun mittlerweile „normal" geworden ist, diese Menge an Alkohol zu konsumieren. Der Standard hat sich auf eine andere Ebene verschoben, was dafür sorgt, dass der gemeinsame Nenner von den Personen A, B und C nun nicht mehr vorhanden ist. B und C halten sich weiterhin an alten Standard, während sich Person A einen eigenen setzt.

Ein schwacher Charakter ist oft der Grund dafür, dass wir uns selbst belügen. Wenn wir in einer Blase leben, werden wir eines Tages wohl oder übel mit der Realität konfrontiert werden. Diese Konfrontation ist dann meist sehr unangenehm. Sie haben die absolute Freiheit der Wahl, doch sollten Sie alle Dinge auf dieser Welt in Maßen genießen, Sie werden merken, dass es so umso mehr Freude macht!

Positive Gedanken stärken Ihren Körper

Dass es eine Wechselwirkung zwischen Körper und Geist (der Seele) gibt, ist schon länger bekannt. Wer körperlich gesund und fit ist, fühlt sich auch geistig munter und kräftig. Auch andersherum gilt: Menschen mit einer robusten psychischen Gesundheit und einem ausgeglichenen Tagesablauf überwinden körperliche Probleme und

Einschränkungen meist weitaus schneller – oder werden seltener krank.

Doch das ist natürlich eine sehr ungewöhnliche Sicht auf die gegenseitige Beeinflussung des körperlichen und des psychischen Gesundheitszustands. Und so wenig diese eher oberflächliche Erkenntnis von Fachleuten angezweifelt wurde, so ist lange recht unklar gewesen, wie diese Effekte sich ganz praktisch vollziehen: Was passiert konkret mit oder genauer gesagt in unserem Körper, wenn wir guter Laune sind und optimistisch in die Zukunft blicken? Und zu welchen organischen Reaktionen kommt es bei Sorgen, Ängsten und Niedergeschlagenheit?

Viele dieser Teile sind bereits erforscht worden. Aber welchen positiven Einfluss die Gedanken- und Gefühlswelt auf unsere Körperabwehr haben kann, konnte nun eine Studie des Israelischen Instituts für Technologie in Haifa zeigen. Demnach aktivieren die Glückshormone unseres Körpers, das Dopamin, bestimmte Teile des Immunsystems: Wenn unser Gehirn dann eine große Menge dieses Hormons ausschüttet, sind deutlich mehr Fresszellen, die Krankheitserreger bekämpfen, in unserem Körper aktiv. Sogar die Zahl unserer Antikörper im Blut erhöht sich deutlich.

Egal ob zu Hause oder bei einem ernsten Gespräch mit dem Chef: Es gehört zu den allzu menschlichen Eigenschaften, Dinge, die einem unliebsam oder unangenehm sind, auf die lange Bank zu schieben. Das trägt jedoch nach und nach dazu bei, die Stimmung einzutrüben, da sich die unerledigten Probleme weiterhin bewusst und unbewusst in Ihrem System befinden.

Da Sie nun eine Menge Informationen zu unserem Körper und dessen Verknüpfung zu unserem Geist bekommen haben, müssen Sie nun für sich selbst entscheiden, wie Sie diese Informationen nutzen möchten. Eine gesunde Ernährung trägt sicherlich noch mal ein bisschen mehr dazu bei, Ihren Körper fit und munter zu halten, aber Sie müssen nun nicht anfangen, auf alles zu verzichten, was nicht optimal für Ihren Körper ist.

Glückshormone entstehen durch viele Methoden. Sie dürfen nicht verzweifelt nach diesen suchen. Wenn Sie Ihren Körper aktiv nutzen, werden die Hormone von ganz allein kommen. Bereits kleine Konversationen reichen aus, um uns den Tag zu versüßen. Vielleicht nehmen Sie heute einfach mal einen anderen Weg zur Arbeit. Wer weiß, was Ihnen alles auf dem Weg passieren kann. Es gibt auf unserer Welt so viele Dinge zu entdecken. Würde unser Körper sich an das

Tempo unseres Verstandes anpassen, würden wir wahrscheinlich mit Lichtgeschwindigkeit um unseren Planeten sausen. Vielleicht ist es also doch gut, dass dieser uns mehr oder weniger gefangen hält. Unser Körper ist unsere Festung. Er beschützt unsere lebenswichtigen Organe und erlaubt es uns, uns fortzubewegen. Wenn ich über all die Dinge nachdenke, die mein Körper für mich tut, fällt es mir gleich umso leichter, meine Finger von schädlichen Substanzen wie Zigaretten zu lassen.

Bitte sorgen Sie sich um Ihren Körper. Sie sollen nicht jede Sekunde Angst vor einer Krankheit haben, aber bitte stellen Sie sicher, dass Ihr Körper mit den Aktionen Ihres Verstandes einverstanden ist. Gehen Sie regelmäßig zum Arzt. Dieser wird Ihnen sagen, was gut ist und woran Sie noch arbeiten müssen. Wenn sich etwas Böses in Ihrem Körper versteckt, werden Sie sich selbst umso dankbarer sein, wenn Sie dieses Übel erfolgreich überstanden haben.

Finden Sie nun Ihren eigenen optimalen Tagesablauf. Dieser kann sich ganz nach Ihren Vorstellungen richten, solange Ihre Vorstellungen rational sind. Sie haben die Kontrolle. Niemand kann Ihnen sagen, was Sie zu tun haben und was nicht. Ihr Gehirn steuert Ihren Körper ohne den Einfluss von anderen.

Sie sind ein individueller Teil unserer Gesellschaft. Zeigen Sie den Menschen, wozu Sie alles imstande sind!

Zusammenfassung

Wir haben es fast geschafft! Sie haben nun bereits eine Menge Informationen aufgenommen. Ich könnte jetzt noch dutzende weitere Seiten darüber philosophieren, doch am Ende kommt es aufs Gleiche hinaus: Alles, was Sie tun, hat Konsequenzen. Alles, was Sie bereits getan haben, beeinflusst unsere Welt. Alles, was Sie noch tun möchten, sollte stets durchdacht werden. Es kommt aber immer auf das gleiche Ergebnis hinaus: Sie! Ja, SIE! Sie allein sind dafür verantwortlich, wie sich Ihre eigene Geschichte abspielen wird. Ihnen stehen alle Mittel zur Verfügung, diese nach Ihren Wünschen zu gestalten.

Sie haben bereits viele Methoden gelernt, wie Sie mit negativen Gedanken umgehen können. Wichtig ist, dass Sie die Initiative ergreifen. Lassen Sie sich nicht von Ihrem Unterbewusstsein einschüchtern, sondern nehmen Sie die Dinge in Ihre eigenen Hände!

Zudem wissen Sie auch, dass positive Gedanken uns in vielen Situationen im Alltag helfen können. Bereits kleine Interaktionen können für uns das Licht am Ende des Tunnels sein. Gehen Sie den Dingen nach, die Ihnen Freude und Sicherheit geben. Integrieren Sie diese Elemente in unterschiedliche Ebenen Ihres Bewusstseins.

Wenn wir schon beim Bewusstsein sind, wissen Sie jetzt auch, dass dieses eine Menge für Sie leistet. Unser Unterbewusstsein aber leistet noch viel mehr! Dieses muss pausenlos für uns ackern und findet im besten Falle nur eine kleine Phase, in der die Arbeit nicht so mühsam ist. Denken Sie immer daran, dass Sie viele Informationen jeden Tag verarbeiten. Es ist umso wichtiger, dass diese Gedanken ordentlich sortiert werden. Ist unser Unterbewusstsein überlastet, können wir die Dinge, die sich vor unserem Auge abspielen, nicht mehr ordentlich bewerten!

Um solch ein Szenario zu verhindern, haben Sie gelernt, dass Sie nicht nur Ihrem Körper, sondern auch

Ihrem Geist genügend Zeit zum Erholen geben müssen. Unser Schlaf ist unglaublich wichtig und beeinflusst in vielen Umständen unsere Laune und Wahrnehmung.

Nun wissen Sie auch, dass Sie einen erholsamen Schlaf benötigen, damit Sie frisch und voller Energie in den nächsten Tag starten können. Unsere Träume zeigen uns jede Nacht Illusionen, die nichts mit der Realität zu tun haben. Diese Gedankengänge können sowohl gut als auch schlecht für uns sein. Oft werden unsere Träume von unserem aktiven Bewusstsein beeinflusst. Haben wir den ganzen Tag nur Schönes erlebt, ist es wahrscheinlich, dass unser Traum auch von schönen Dingen abstammen wird.

Um möglichst viele positive Gedanken zu sammeln, haben Sie gelernt, dass wir in vielen Situationen im Leben keine Macht haben. Es ist natürlich nicht gleich etwas Positives, aber wenn Sie in der Lage sind, schlechte oder unfaire Verhältnisse zu akzeptieren, kann sich dies durchaus positiv auf Ihre allgemeine Denkweise auswirken. Ich selbst habe auch gelernt, dass manchmal die Menschen um mich herum nicht immer darauf aus sind, mir persönlich zu schaden. Oft sind wir zu egoistisch und vergessen, wie gut es uns eigentlich geht. Es schadet nicht, wenn wir ab und zu ein bisschen dankbar sind. Vielen Menschen auf dieser Welt geht es bei Weitem noch nicht so gut wie uns!

Im Leben werden wir auf Personen treffen, die uns am Ende des Tages nur ausnutzen wollen. Dies ist sicherlich nicht schön, gehört aber im Leben nun mal dazu. Sie wissen jedoch nun, dass Sie sich von solchen Menschen nicht beeinflussen lassen dürfen. Ein bisschen Misstrauen schadet nie, egal ob es ums Geld oder um die Liebe geht. Halten Sie aber nicht zu sehr an den Dingen fest, die in der Vergangenheit liegen. Reue wird Sie im langen Lauf von innen auffressen. Es ist wichtig, dass Sie früh die Situation akzeptieren, wie sie ist. Tun Sie dies, werden Sie schon am nächsten Tag viel entspannter Ihren Tätigkeiten nachgehen können.

Sie wissen, dass Sie ständig auf Ihren Körper achten müssen. Dieser tut so viel für Sie! Ab und zu ist es nicht verkehrt, diesem etwas zurückzugeben. Nehmen Sie sich eine kleine Auszeit und genießen Sie in aller Ruhe Ihre Erfolge. Ein gesunder Körper unterstützt gleichzeitig einen gesunden Geist. Fehlt eines der beiden, kippt unsere Waage schneller, als wir denken. Achten Sie immer auf Ihre innere Balance und lassen Sie sich von Rückschlägen nicht entmutigen.

Zum Schluss noch

Wenn Sie wahrlich positiver denken möchten, brauchen Sie die nötige Überzeugung. Sie müssen sich auf das Unbekannte, den Tipps in diesem Buch, einlassen. Ich bitte Sie aber, dass Sie sich nicht zu sehr auf einen bestimmten Teil konzentrieren. Sie haben mehr als genug Zeit, die Dinge in Ihrem eigenen Tempo zu bearbeiten. Es würde mich umso mehr freuen, wenn Sie vielleicht sogar eine eigene Variation finden, die Ihnen noch mehr helfen kann. Experimente können große Erfolge erbringen.

Am Ende ist es immer noch eine Kopfsache. Lassen Sie sich darauf ein, werden Sie in der Lage sein, die vielen Situationen im Leben aus einer anderen Perspektive zu beobachten. Ein positiver Gedanke dient uns in vielen Wegen. Er kann uns motivieren, das Unbekannte in Angriff zu nehmen. Wir können schwierige Situationen besser verarbeiten und sind in der Lage, aus diesen zu lernen.

Ich hoffe, dass Sie sich Ihre eigene Meinung bilden werden. Lassen Sie sich von keinem sagen, was Sie nun zu denken haben und was nicht. Anregungen sind immer willkommen, solange wir uns mit diesen anfreunden können. Ich denke, dass es für Sie nun noch einfacher sein wird, Ihren eigenen Weg zu finden.

Das Talent dazu besitzen Sie bereits. Es gibt nur einen Weg, wie Sie dieses Potenzial nutzen können: Fangen Sie an!

Ich bedanke mich zutiefst bei Ihnen und hoffe, dass dieses Buch Ihnen bei der einen oder anderen Situation zunutze kommen wird. Wenn Sie bis hierhin gekommen sind, würde ich mich freuen, wenn Sie nun eine kleine Pause einlegen würden.

Wie zuvor erwähnt, ist es kein Rennen, sondern ein Marathon!

Herstellung und Verlag:

BoD – Books on Demand, Norderstedt

ISBN: 9783754313206

1. Auflage

Kontakt: Psiana eCom UG/ Berumer Str. 44/ 26844 Jemgum

Covergestaltung: Fenna Larsson

Coverfoto: depositphotos.com